Impressum
Verlag: BABADADA GmbH, Nedderfeld 112 , 22529 Hamburg
Geschäftsführer / Verlagsleitung: Harald Hof
Druck: Books on Demand GmbH, In de Tarpen 42, 22848 Norderstedt

Imprint
Publisher: BABADADA GmbH, Nedderfeld 112 , 22529 Hamburg, Germany
Managing Director / Publishing direction: Harald Hof
Print: Books on Demand GmbH, In de Tarpen 42, 22848 Norderstedt

ښوونځی
school

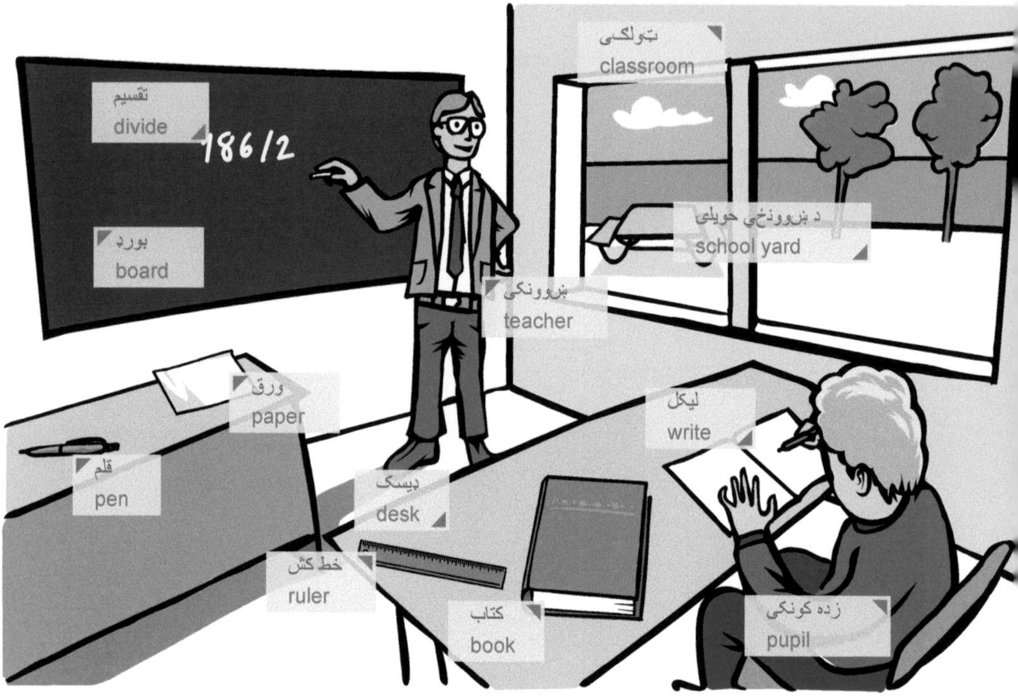

ټولګی
classroom
تقسیم
divide
186/2
بورډ
board
ښوونکی
teacher
د ښوونځي حویلی
school yard
ورق
paper
لیکل
write
قلم
pen
ډیسک
desk
خط کش
ruler
کتاب
book
زده کونکی
pupil

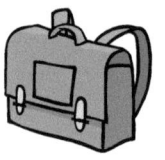

کڅوړه

satchel

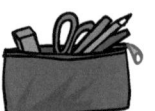

د پنسل بکسه

pencil case

پنسل

pencil

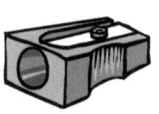

پنسل تراش

pencil sharpener

ربړ

rubber

د رسامۍ پاڼه

drawing pad

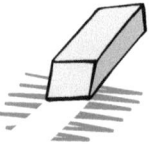

رسامي

drawing

د نقاشی برس

paintbrush

د نقاشی بکس

paint box

قیچي

scissors

سریښ

glue

د تمرین کتاب

exercise book

کورنۍ دنده

homework

12

شمیر

number

2+2

جمع

add

5-2

منفي

subtract

2×2

ضرب

multiply

حساب

calculate

A

توری

letter

ABCDEFG HIJKLMN OPQRSTU VWXYZ

الفبا

alphabet

hello

کلمه

word

متن

text

لوستل

read

تباشیر

chalk

درس

lesson

راجستر

register

ازموینه

exam

تصدیق پانه

certificate

د ښوونځي یونیفارم

school uniform

تعلیم

education

دایره المعارف

encyclopedia

پوهنتون

university

مایکروسکوپ

microscope

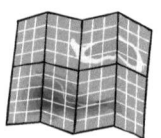

نقشه

map

اشغالدانی

waste-paper basket

سفر
travel

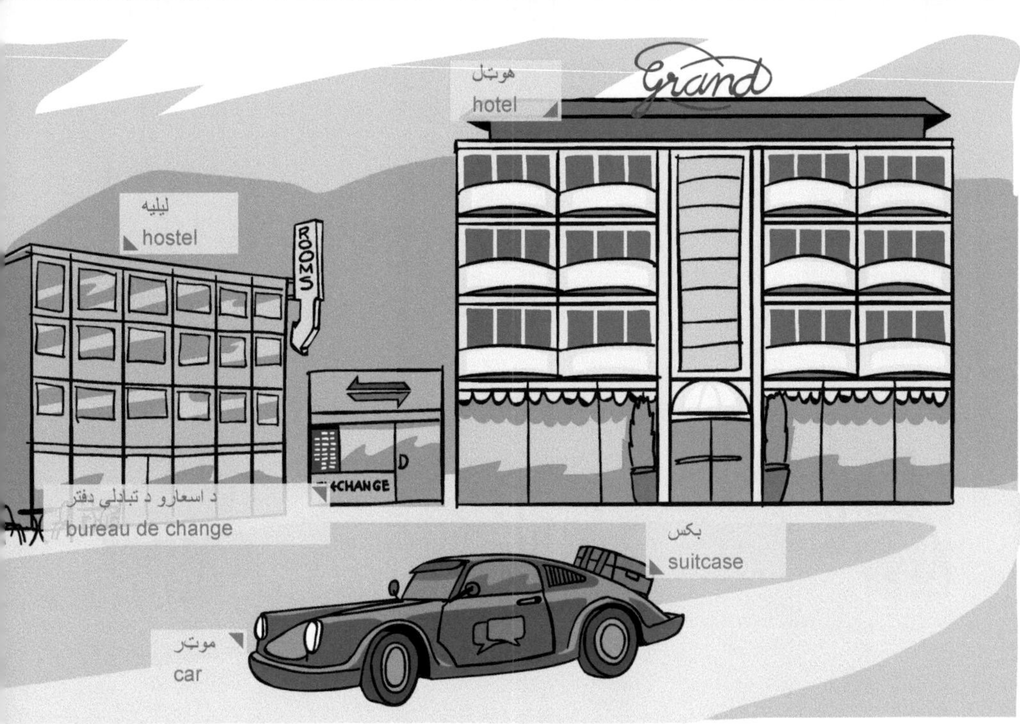

هوټل
hotel
Grand
لیلیه
hostel
ROOMS
CHANGE
د اسعارو د تبادلې دفتر
bureau de change
بکس
suitcase
موټر
car

ژبه
....
language

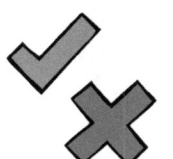

هو/نه
....
yes / no

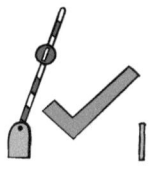

سمه ده
....
Okay

سلام
....
hello

ژباړونکی
....
translator

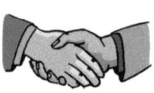

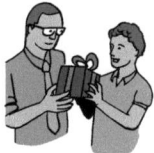

مننه
....
Thank you

څومره دي...؟

how much is...?

زه نه پوهیږم

I do not understand

ستونزه

problem

ماښام مو پخیر!

Good evening!

سهار په خیر!

Good morning!

شپه په خیر!

Good night!

په مخه مو ښه

bye bye

لارښود

direction

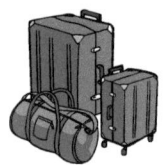

سامان

luggage

بیگ

bag

شاتنی بکس

backpack

میلمه

guest

خونه

room

د خوب کڅوړه

sleeping bag

خیمه

tent

د توریزم معلومات

tourist information

ساحل

beach

کریدیت کارت

credit card

ناری

breakfast

د غرمي خواړه

lunch

د شپې خواړه

dinner

ټیکټ

ticket

لفت

lift

مهر

stamp

پوله

border

کمرک

customs

سفارت

embassy

ویزه

visa

پاسپورت

passport

ټرانسپورټ

transport

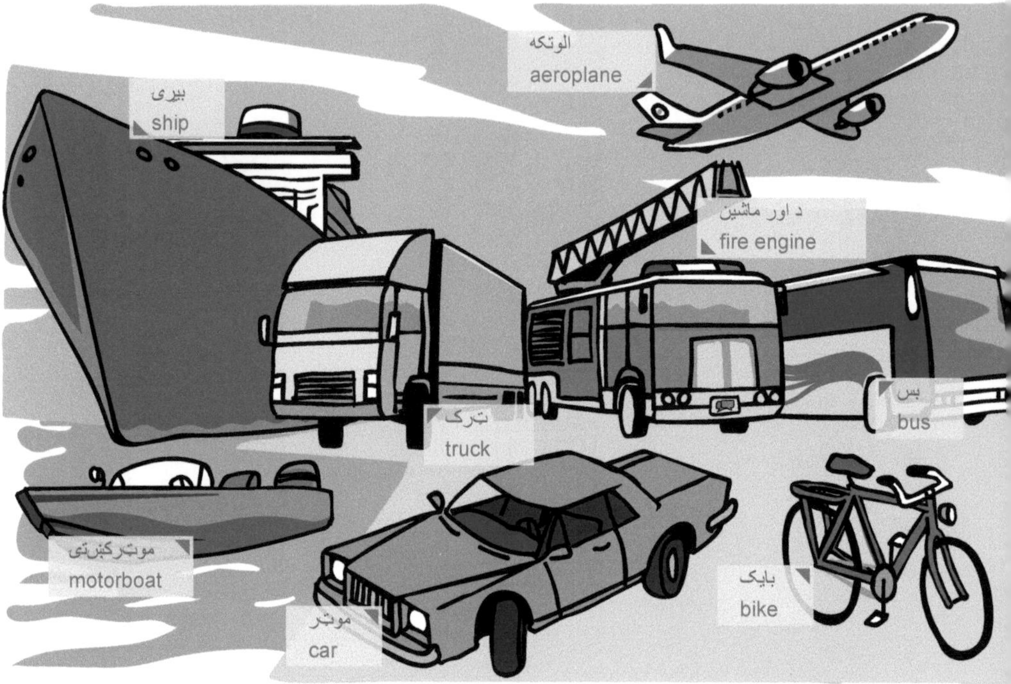

الوتکه
aeroplane
بېړی
ship
د اور ماشين
fire engine
بس
bus
ټرک
truck
موټرکښتی
motorboat
موټر
car
بايک
bike

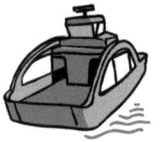

کښتی
....
ferry

کښتی
....
boat

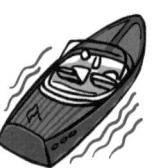

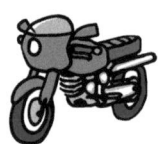

موټرسايکل
....
motorbike

د پوليسو موټر
....
police car

د ريس موټر
....
racing car

کرايی موټر
....
rental car

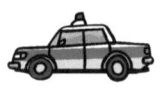

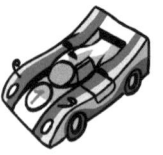

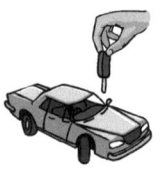

د کرایه موټری
....
car sharing

جرثقیل لرونکی ټرک
....
breakdown truck

ریفیوز ټرک
....
refuse truck

موټر
....
motor

سونګ توکي
....
fuel

پټرول سټیشن
....
petrol station

ترافیکي نښه
....
traffic sign

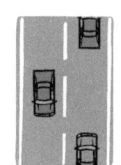

ترافیک
....
traffic

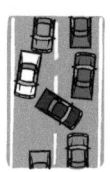

جام ترافیک
....
traffic jam

د موټرو تمځای
....
car park

د ریل سټیشن
....
train station

پاتنکي
....
tracks

ریل
....
train

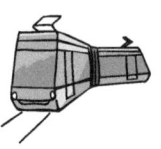

ټرّام
....
tram

واګون
....
carriage

چورلکه

helicopter

هوايي ډګر

airport

برج

tower

مسافر

passenger

کانتينر

container

کارتون

carton

کارت

cart

ټوکری

basket

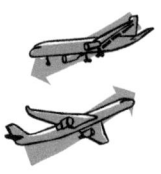

الوتنه کول/ځکيرينناستل

take off / land

بنلار

city

کلی

village

د بنلار مرکز

city centre

کور

house

سینما
cinema

اعلان
advert

د کوڅي لامپ
street lamp

کوڅه
street

ټیکسي
taxi

د خوارو پلورنځی
snack shop

پیاده
pedestrian

پلي لاره
pavement

د سرک څخه تیریدو لاره
zebra crossing

اشغالدانی (لوی)
bin

د تیریدو لاره
crossing

د ترافیک څراغونه
traffic lights

کودله

hut

اپارتمان

flat

د ریل سټیشن

train station

ټاون هال

town hall

میوزیم

museum

ښوونځی

school

پوهنتون

university

بانک

bank

روغتون

hospital

هوټل

hotel

درملتون

pharmacy

دفتر

office

کتاب پلورنځی

book shop

پلورنځی

shop

د ګلانو پلورنځی

florist's

لوی پلورنځی

supermarket

مارکیټ

market

د دیپارټمنټ سټور

department store

کب پلورنځی

fishmonger's

د پلور مرکز

shopping centre

لنګرتون

harbour

پارک

park

بینچ

bench

پل

bridge

زینه

stairs

د خُمکي لاندی

underground

تونل

tunnel

بس تمځای

bus stop

بار

bar

ریستورانت

restaurant

پوست بکس

postbox

د کوڅی نښه

street sign

د پارک کولو میټر

parking meter

ژوبڼ

zoo

د لامبو حوض

swimming pool

مسجد

mosque

کرونده
....
farm

ناپاکي
....
pollution

هدیره
....
graveyard

چرچ
....
church

د لوبو ډګر
....
playground

معبد/کلیسا
....
temple

منظره

landscape

![landscape scene]

پاڼه / leaf

د لارښووني نښه / signpost

لاره / way

چمن / meadow

کاڼی / stone

هایکر / hiker

ونه / tree

سیند / river

واښه / grass

ګل / flower

دره
....
valley

غونډی
....
hill

ناور
....
lake

ځنګل
....
forest

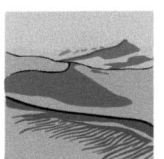

دښته
....
desert

اورشيندی
....
volcano

کلا
....
castle

رنګين کمان
....
rainbow

مرخيړي
....
mushroom

پلم ونه
....
palm tree

ماشي
....
mosquito

الوتل
....
fly

ميږی
....
ant

مچی
....
bee

غوندل/جولا
....
spider

كـونگـت

beetle

چونگـىـﮥ

frog

نولى

squirrel

زيريكى

hedgehog

سوى

hare

كـونگ

owl

مرغى

bird

قازه

swan

نرخوك

boar

هوسى

deer

گـاوزه

moose

بند

dam

بادي توربين

wind turbine

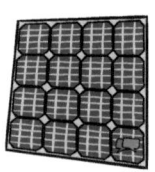

سولر تختى

solar panel

اقليم

climate

ریسټورانټ

restaurant

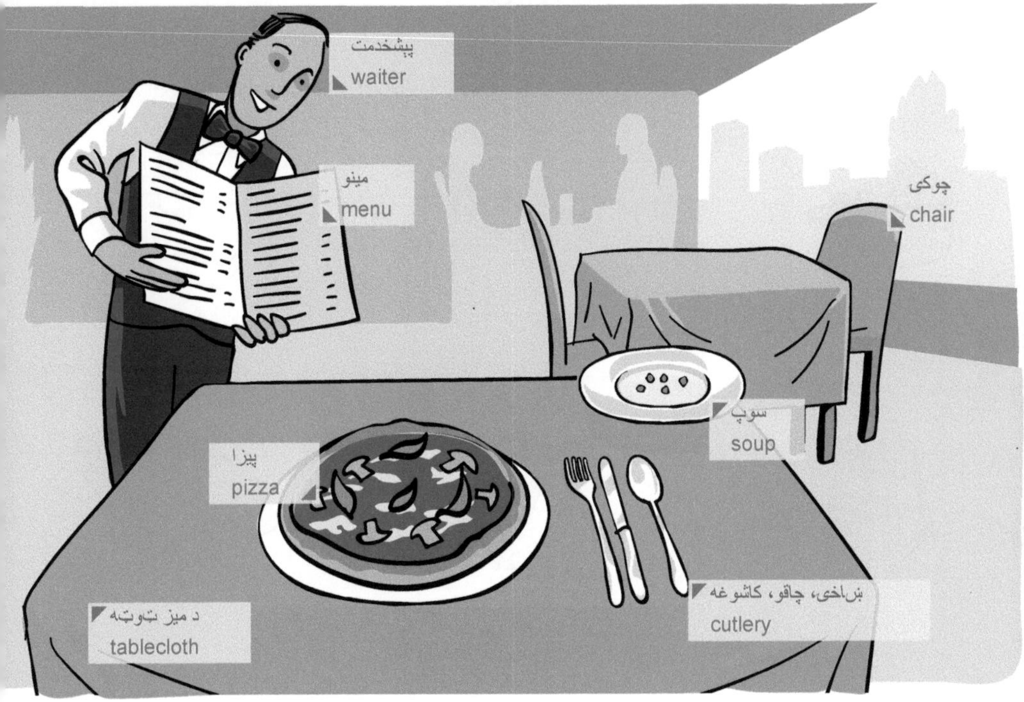
پیشخدمت
waiter
مینو
menu
چوکۍ
chair
سوپ
soup
پیزا
pizza
د میز ټوټه
tablecloth
ښاخۍ، چاقو، کاشوغه
cutlery

سټارټر

starter

اصلي خواړه

main course

شیریني

dessert

څښاک

drinks

خواړه

food

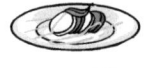

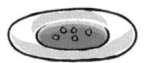

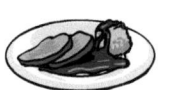

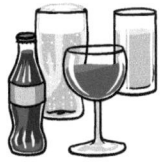

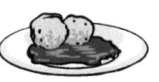

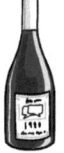

بوتل

bottle

فاسټ فوډ
....
fast food

د کوڅي خواړه
....
street food

چای جوش
....
teapot

قندانی
....
sugar bowl

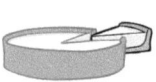

برخه
....
portion

اسپرسو مشین
....
espresso machine

لوړه چوکی
....
high chair

رسید
....
bill

مجمه
....
tray

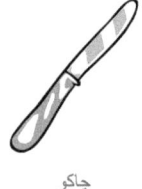

چاکو
....
knife

پنجه
....
fork

قاشق
....
spoon

چای قاشق
....
teaspoon

سورویت
....
serviette

گلاس
....
glass

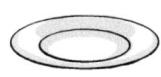

پلیټ

plate

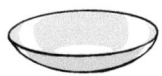

د سوپ پلیټ

soup plate

نالبکی

saucer

ساس

sauce

مالګه شیندونکی

salt pot

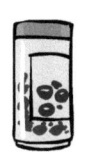

د مرچ ټکولو لوخی

pepper mill

سرکه

vinegar

غوري

oil

مساله

spices

کچ اپ

ketchup

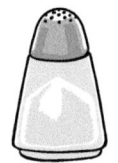

شرشم

mustard

چکه

mayonnaise

لوی پلورنځی

supermarket

ځانګړی وړاندیز
special offer
FOR
پیرودونکی
customer
لبنیات
dairy
میوه
fruit
لاسي ځرخ
trolley

BUTCHERS

قصابي

butcher´s

BAKERY

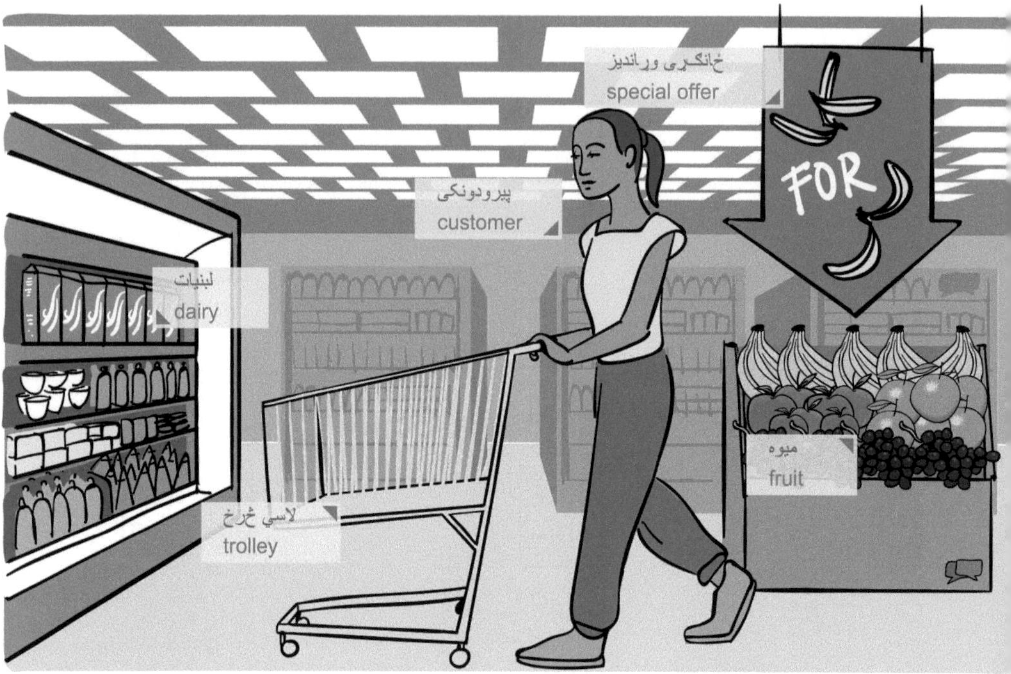

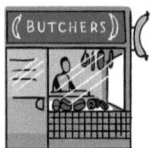

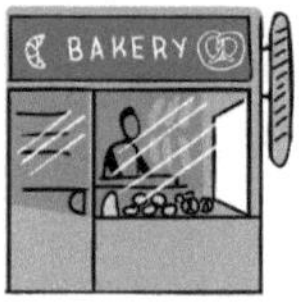

نانوایی

baker´s

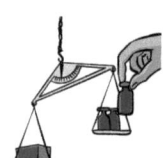

وزن کول

weigh

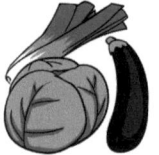

سبزیجات

vegetables

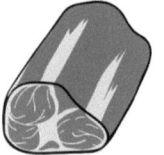

غوښه

meat

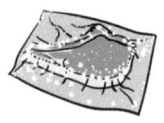

کنګل خواړه

frozen food

يخه غوښه

cold meat

کنسروا خواره

tinned food

د مینځلو پودر

washing powder

شیریني

sweets

کورني تولیدات

household products

د پاکولو محصولات

cleaning products

د پلور فرد

salesperson

د نغدي راجستر

till

صراف

cashier

د پیرود لیست

shopping list

کاري ساعتونه

opening hours

بټوه

wallet

کریډیټ کارت

credit card

کڅوړه

bag

پلاستیک کڅوړه

plastic bag

drinks

اوبه

water

سوج

juice

شیده

milk

کوک

coke

واین

wine

بیر

beer

الکول

alcohol

ککاو

cocoa

چای

tea

کافي

coffee

اسپرسو

espresso

کپچینو

cappuccino

کیله

banana

منه

apple

نارنج

orange

هندوانه

melon

لیمو

lemon

کازره

carrot

هوږه

garlic

بانکس

bamboo

پیاز

onion

مرخیړی

mushroom

چغزی

nuts

آش

noodles

سپیگټي

spaghetti

وریجي

rice

سلاد

salad

چپس

chips

سره کړي کچالو

fried potatoes

پیزا

pizza

همبرگر

hamburger

ساندویچ

sandwich

کټره

cutlet

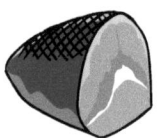

د پټون غوښه

ham

سلمي

salami

ساسج

sausage

چرگ

chicken

روسټ

roast

کب

fish

د وربشی شیرني

porridge oats

موسلي

muesli

د جوار پلی

cornflakes

اوړه

flour

کروسانت

croissant

د ډوډۍ رول

bread roll

ډوډۍ

bread

ټوسټ

toast

بسکیت

biscuits

کوچ

butter

چکه

curd

کیک

cake

هګۍ

egg

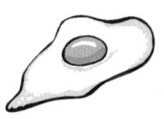

پخ‍ی هګۍ

fried egg

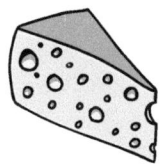

پنیر

cheese

آیس کریم

ice cream

بوره

sugar

شهد

honey

مربا

jam

نوگات کریم

chocolate spread

کورکمان

curry

کرونده

farm

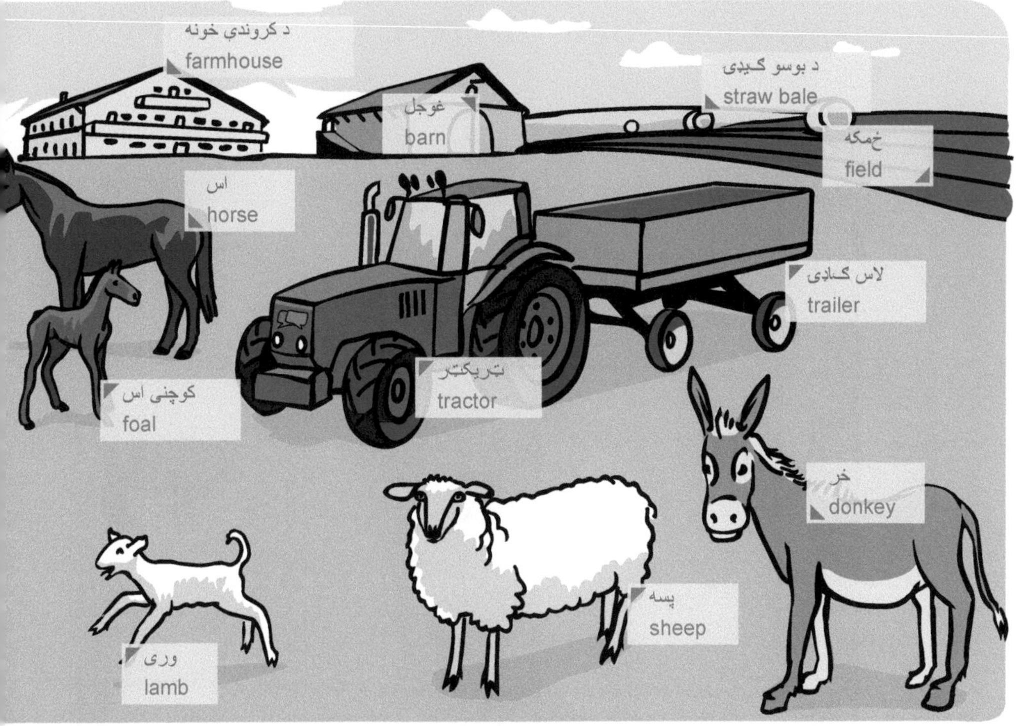

د کروندې خونه
farmhouse
غوجل
barn
د بوسو ګیډی
straw bale
ځمکه
field
اس
horse
لاس ګاډی
trailer
ټریکټر
tractor
کوچنی اس
foal
خر
donkey
پسه
sheep
وری
lamb

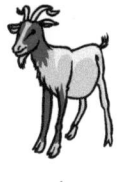

وزه

goat

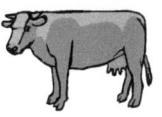

غوا

cow

خوسکی

calf

خوګ

pig

د خوګ بچی

piglet

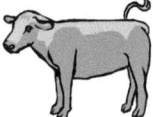

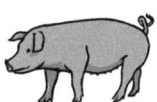

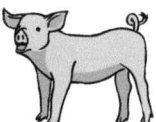

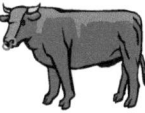

غویی

bull

بتنه
....
goose

هيلۍ
....
duck

چرګوړی
....
chick

چرګه
....
hen

بانګي
....
cock

سارای موږک
....
rat

پيشک
....
cat

موږک
....
mouse

غویی
....
ox

سپی
....
dog

د سپي خونه
....
doghouse

د باغ هوز
....
garden hose

د اوبو لوخی
....
watering can

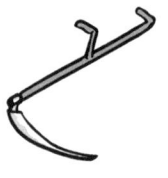

لور (داس)
....
scythe

یوی
....
plough

لور

sickle

رمبی

hoe

بڕاخی

pitchfork

تبر

axe

کراچی

wheelbarrow

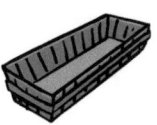

ناوه

trough

د شیدو لوخی

milk can

جوال

sack

کتاره

fence

مضبوط

stable

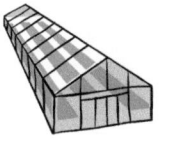

شنه خونه

greenhouse

خاوره

soil

تخم

seed

سره/کود

fertilizer

کد ریبونکی ماشین

combine harvester

زیرمه کول

harvest

درمند

harvest

خواږه کچالو

yams

غنم

wheat

سویا

soy

کچالو

potato

جوار

corn

نباتي تخم

rapeseed

د میوی ونه

fruit tree

مانیوک

cassava

غله

cereals

درشه
chimney

یام
roof

ناودان
drainpipe

کرکی
window

گراج
garage

د دروازی زنگ
doorbell

دروازه
door

اشغالدانی
rubbish bin

د لیک بکس
letterbox

باغ
garden

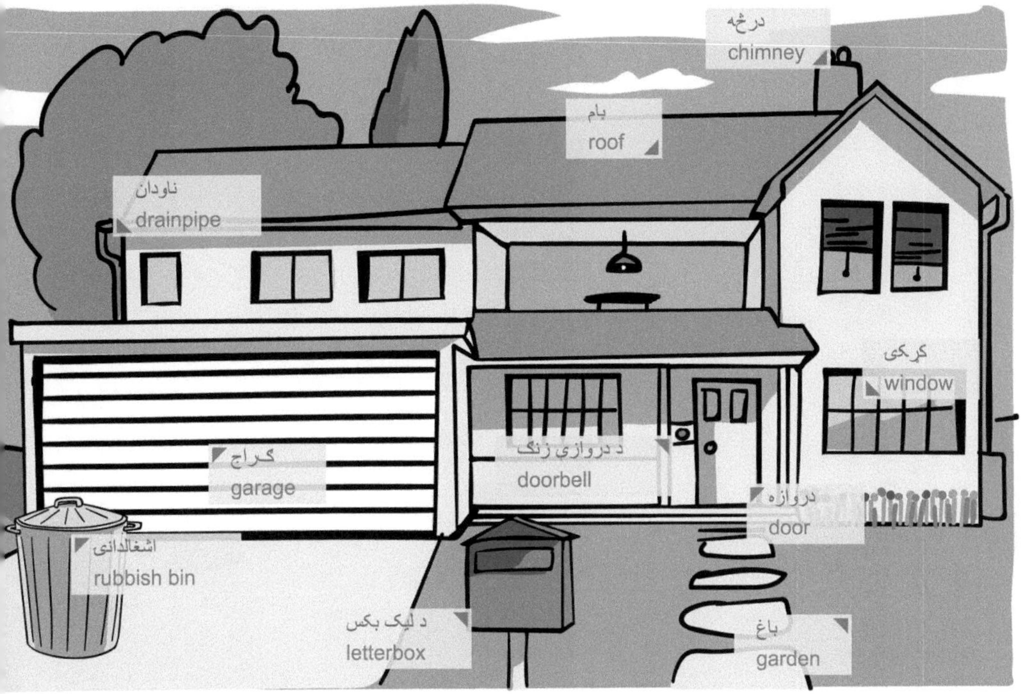

د اوسیدو خونه
living room

حمام
bathroom

پخلنخی
kitchen

د ویده کیدو خونه
bedroom

د ماشوم خونه
child's room

د خوارو خونه
dining room

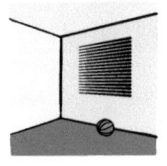

فرش

floor

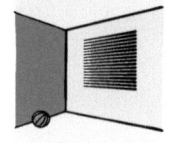

دیوال

wall

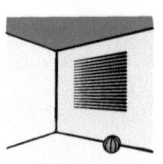

چت

ceiling

زیرخانه

cellar

سونا

sauna

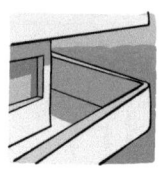

بالکونی

balcony

تراس

terrace

حوض

pool

د چمن وهلو ماشین

lawn mower

شیت

sheet

روجایی

bedspread

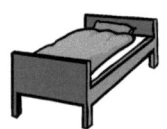

تخت

bed

جارو

broom

بوکه

bucket

سویچ

switch

د اوسیدو خونه

living room

والپیپر
wallpaper
عکس
picture
لامپ
lamp
شیلف
shelf
الماری
cupboard
تلویزیون
television
نغری
fireplace
ګل
flower
بالښت
cushion
صوفه
sofa
ګلدانی
vase
ریموټ کنټرول
remote control

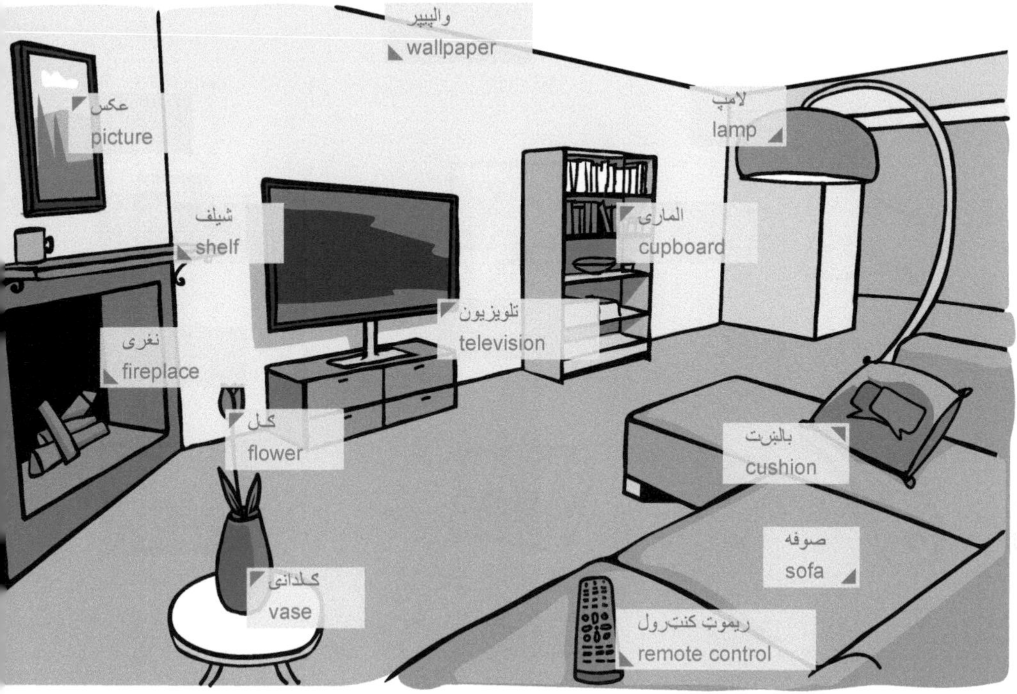

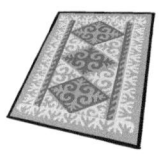

غالی

carpet

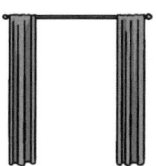

پرده

curtain

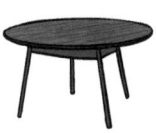

میز

table

چوکی

chair

تاویدونکي چوکی

rocking chair

بازو لرونکی چوکی

armchair

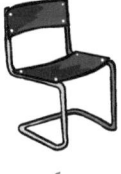

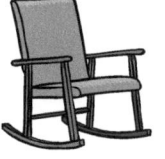

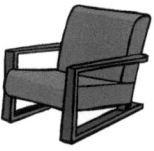

کتاب

book

کمپل

blanket

دیکوریشن

decoration

د اور لرګي

firewood

فلم

film

هایفای

hi-fi equipment

کلي

key

ورځپاڼه

newspaper

نقاشي

painting

پوسټر

poster

راډیو

radio

کتابچه

notepad

واکیوم جارو

hoover

کاکتوس

cactus

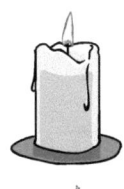

شمع

candle

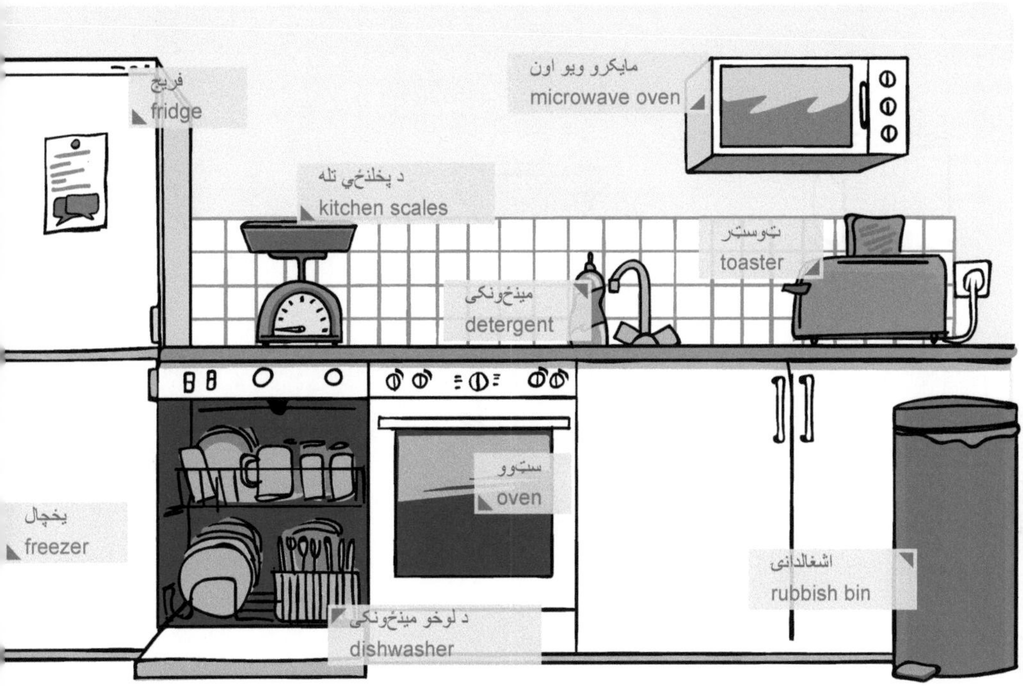

فریج
fridge

مایکرو ویو اون
microwave oven

د پخلنځي تله
kitchen scales

ټوسټر
toaster

مینځونکی
detergent

یخچال
freezer

سټوو
oven

اشغالدانی
rubbish bin

د لوخو مینځونکی
dishwasher

دیک بخار

cooker

لوخی

pot

چدني لوخی

cast-iron pot

ووک

wok / kadai

د تلي په

pan

چای جوش

kettle

د بخار ديگ

steamer

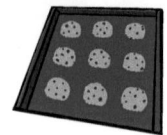

پتنوس

baking tray

لوخي

crockery

مگ

mug

کاسه

bowl

د رانيولو اوزار

chopsticks

څمڅی

ladle

کفگير

spatula

پاکونکی

whisk

صافي

strainer

غلبيل

sieve

کريتر

grater

اونگ

mortar

بار بي کيو

barbecue

خلاص اور

open fire

تخته

chopping board

هوارونکی

rolling pin

کارک سکریو

corkscrew

ټين

can

د ټين خلاصونکی

can opener

د لوخي بټوتے

pot holder

ظرف شوی

sink

برس

brush

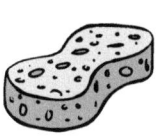

سپنج

sponge

بليندر

blender

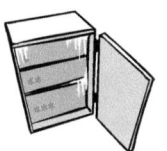

ژور يخچال

deep freezer

د ماشوم بوتل

baby bottle

نل

tap

شاور
shower

تودول
heating

جان پاک
towel

د شاور پرده
shower curtain

د حمام ببل
bubble bath

د حمام تب
bathtub

گلاس
glass

د مینځلو مشین
washing machine

بټايلونه
tiles

ټل
tap

یو دول کمود
potty

ظرف شوی
sink

تشناب
toilet

فرشي کمود
squat toilet

کمود
bidet

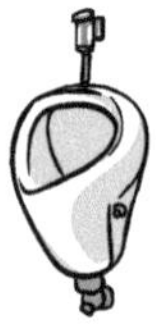

د متیازو ځای
urinal

تشناب کاغذ
toilet paper

د تشناب برس
toilet brush

د غاښونو برس

toothbrush

د غاښونو کریم

toothpaste

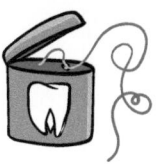

د غاښونو نخ

dental floss

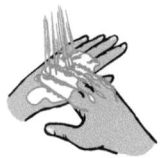

مینځل

wash

لاسي شاور

handheld shower

دوش

douche

خانک

basin

د شا برس

back brush

صابون

soap

د شاور ژل

shower gel

شامپو

shampoo

فلانل جامه

flannel

وچول

drain

کریم

cream

سپری

deodorant

آینه

mirror

آینه لاسي

hand mirror

ریزر

razor

د خریلو فوم

shaving foam

د خریلو وروسته

aftershave

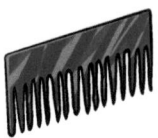

ګڼمنځ

comb

برس

brush

د ویښتانو وچونکی

hair dryer

د ویښتانو سپری

hairspray

میک اپ

makeup

لیپ سټیک

lipstick

د نوکانو پالش

nail varnish

کاټن وری

cotton wool

ناخن ګیر

nail scissors

عطر

perfume

د مینخلو کڅوړه

washbag

سټول

stool

د وزن کولو تله

weighing scale

د حمام پوښاک

bathrobe

د ربر دستکش

rubber gloves

تامپون

tampon

صحیی جان پاک

sanitary towel

کیمیکل تشناب

chemical toilet

د ماشوم خونه

child's room

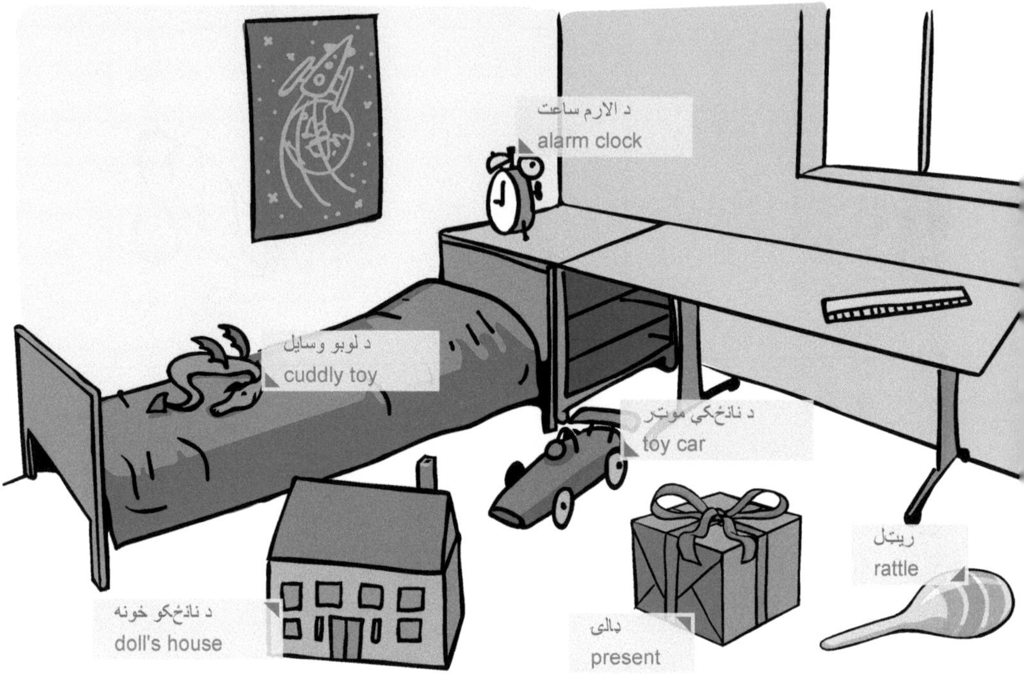

د الارم ساعت
alarm clock
د لوبو وسایل
cuddly toy
د نانځکي موټر
toy car
ريټل
rattle
د نانځکو خونه
doll's house
ډالۍ
present

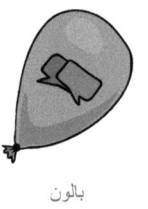

بالون

balloon

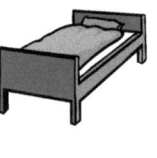

تخت

bed

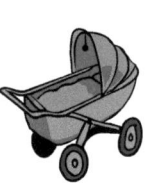

کالسکه

pram

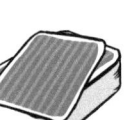

د لوبو ورقي

deck of cards

جیکسا

jigsaw

SUPER MEGA

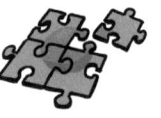

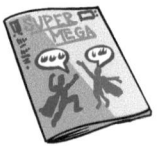

مسخره

comic

لیگو بریک

lego bricks

د ناڅخکو بلاک

building blocks

د اکشن فیگور

action figure

د ماشوم پوښاک

babygrow

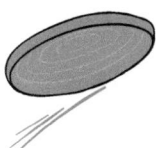

فریزبي

frisbee

موبایل

mobile

بورډ لوبه

board game

تاس

dice

ماډل ریل سیټ

model train set

ګونګشی

dummy

پارتۍ

party

د عکسونو البوم

picture book

بال

ball

ناڅخکه

doll

لوبیدل

play

د شګو کنده

sandpit

سوینگ

swing

ناڅرخکي

toys

د ویډیو لوبو کنسول

video game console

ترای سایکل

tricycle

ګوډبه

teddy bear

د کالو الماری

wardrobe

clothing

جرابي

socks

لوړي جرابي

stockings

تایټس

tights

زروکی
scarf

چتری
umbrella

تي شرت
t-shirt

کمربند
belt

بوتان
boots

سلیپر
slippers

سنیکر
trainers

سیندل

سندل
sandals

بوتان
shoes

د ریر بوتان
rubber boots

زیرنیکري
underpants

سینه بند
bra

واسکټ
vest

بادي

body

پتلون

trousers

جينز

jeans

لمن

skirt

بلاوز

blouse

شرت

shirt

بنيان

pullover

سويټر

hoodie

بلیزر

blazer

جاکټ

jacket

کوټ

coat

د باران کوټ

raincoat

پوښاک

costume

کالي

dress

د واده پوښاک

wedding dress

دريشي

suit

د شپې پوښاک

nightgown

پاجامه

pyjamas

ساري

sari

لوپټه

headscarf

پټکی

turban

برقه

burqa

كفتن

kaftan

عبا

abaya

د لامبو پوښاک

swimsuit

نيكر

trunks

شارټ

shorts

د خُځاستي پوښاک

tracksuit

پيش بند

apron

دستكش

gloves

بیـتّن

button

عینک

glasses

لاس بند

bracelet

غاړه کی

necklace

گـوتمه

ring

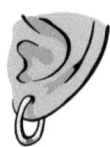

غوږوالۍ

earring

خولۍ

cap

کوټ بند

coat hanger

خولۍ

hat

نېـکايی

tie

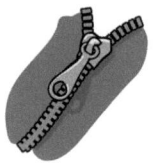

خنخېر

zip

هیلمیټ

helmet

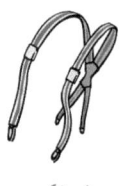

ټرونکی

braces

د ښوونخُي یونیفارم

school uniform

یونیفارم

uniform

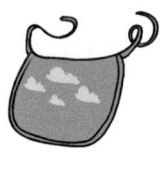

بیب

bib

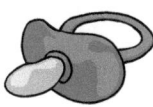

ګونګشی

dummy

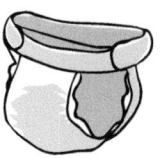

نیپي

nappy

دفتر

office

سرور
server
د دوسیه الماری
filing cabinet
پرینټر
printer
ورق
paper
مانیټور
monitor
ماوس
mouse
ډیسک
desk
فولډر
folder
کي بورډ
keyboard
اشغالدانی
waste-paper basket
کمپیوټر
computer
چوکی
chair

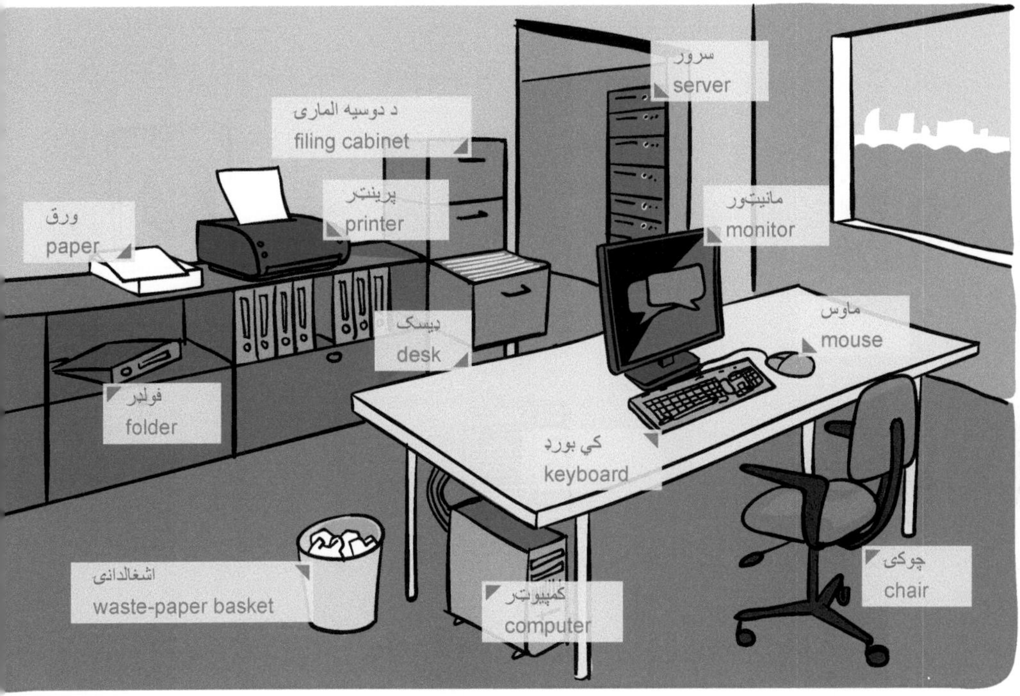

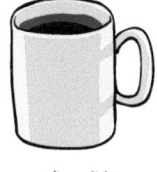

د کافي پیاله

coffee mug

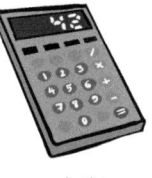

کالکولیټر

calculator

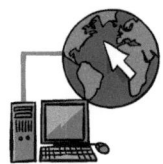

انټرنیټ

internet

لپ تاپ

laptop

لیک

letter

پیغام

message

موبایل

mobile

نیټورک

network

فوتوکاپیر

photocopier

سافتویر

software

تلیفون

telephone

پلک ساکت

plug socket

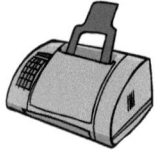

فکس مشین

fax machine

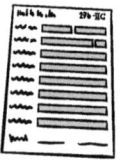

فارم

form

سند

document

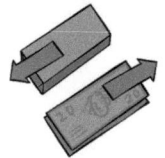

پیرل

buy

تادیه کول

pay

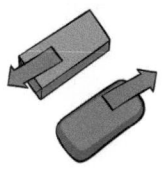

سوداگري کول

trade

پیسي

money

ډالر

dollar

یورو

euro

ین

yen

ربل

rouble

سویسي فرانک

Swiss franc

رینمینبي یوان

renminbi yuan

روپي

rupee

د نغدي پیسو ځای

cashpoint

د اسعارو د تبادلي دفتر
bureau de change

سره زر
gold

سپین زر
silver

تیل
oil

انرژي
energy

نرخ
price

قرارداد
contract

مالیه
tax

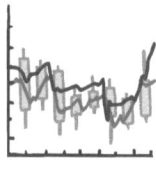

اسهام
stock

کار کول
work

کارمند
employee

کار ګومارونکی
employer

فابریکه
factory

پلورنځی
shop

مسلکونه
occupations

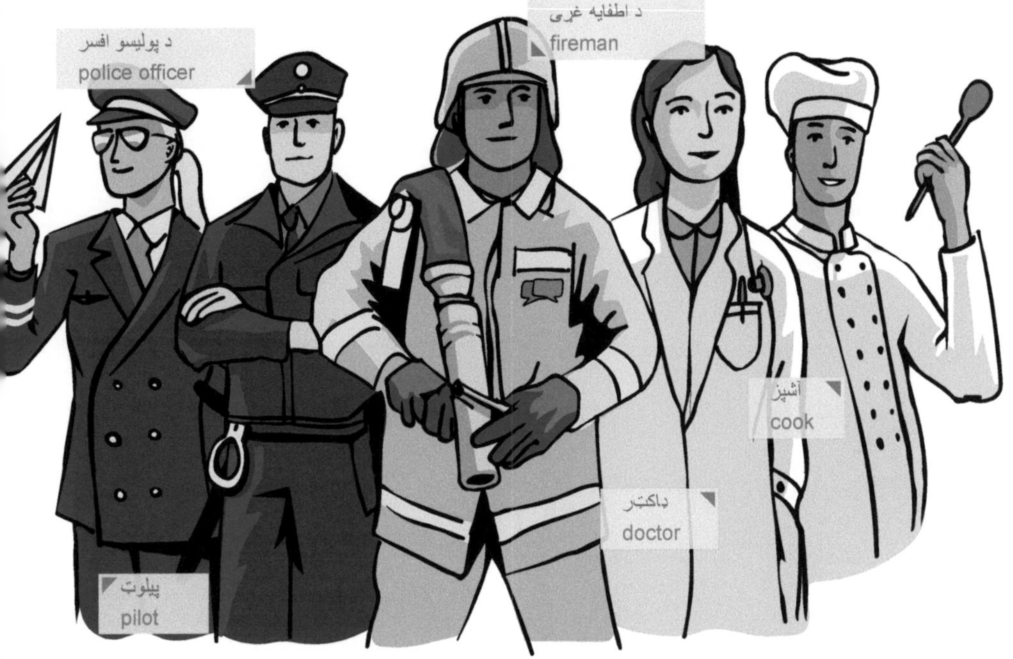
د پولیسو افسر
police officer
د اطفایه غړی
fireman
آشپز
cook
داکټر
doctor
پیلوټ
pilot

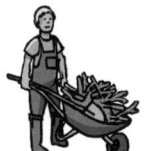

باغوان

gardener

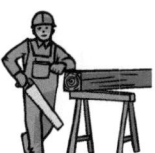

نجار

carpenter

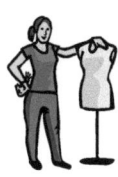

خیاط

seamstress

قاضي

judge

کیمیا پوه

chemist

د فلم لوبغاړی

actor

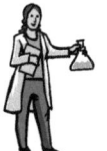

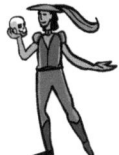

د بس ډرایور

bus driver

د ټېکسي ډرایور

taxi driver

کب نیونکی

fisherman

خدمه

cleaning lady

بام جوړونکی

roofer

پیشخدمت

waiter

ښکاري

hunter

نقاش

painter

نانوا

baker

د برېښنا کارکونکی

electrician

تعمیر جوړونکی

builder

انجنیر

engineer

قصاب

butcher

نلدوان

plumber

پوست رسونکی

postman

سرتیری

soldier

مهندس

architect

صراف

cashier

مالیار

florist

نایی

hairdresser

کلیندر

conductor

میکانیک

mechanic

کپتان

captain

د غاښونو ډاکتر

dentist

ساینس پوه

scientist

ښاغلی

rabbi

امام

imam

مذهبي نفر

monk

پادري

clergyman

لوازم
tools

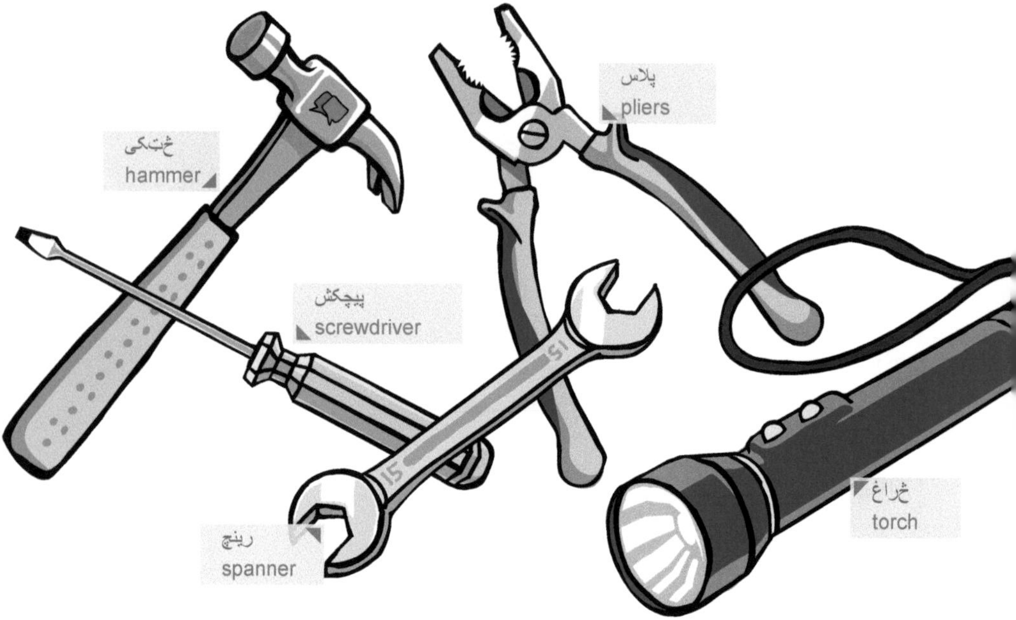
څټکی
hammer
پلاس
pliers
پیچکش
screwdriver
رینچ
spanner
څراغ
torch

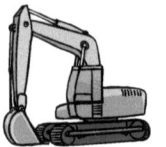

کنستونکی
digger

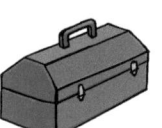

د لوازمو بکس
toolbox

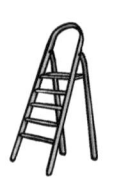

زینه
ladder

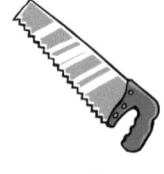

اره
saw

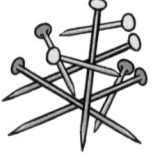

میخونه
nails

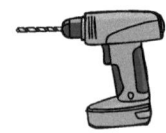

برمه
drill

ترمیم کول

repair

بیل

shovel

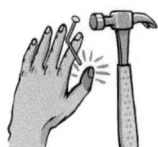

لعنت!

Damn!

خاک انداز

dustpan

مشوانی

paint pot

پیچونه

screws

د میوزیک آلات

musical instruments

درم سیت
drum kit

لاود سپیکر
loudspeaker

گیتار
guitar

کنترباس
double bass

ترومپیت
trumpet

پيانو

piano

وايلن

violin

باس

bass

نغاره

timpani

درمونه

drums

كي بورډ

keyboard

سيكسافون

saxophone

شپيلى

flute

مايکروفون

microphone

ژوبڼ

zoo

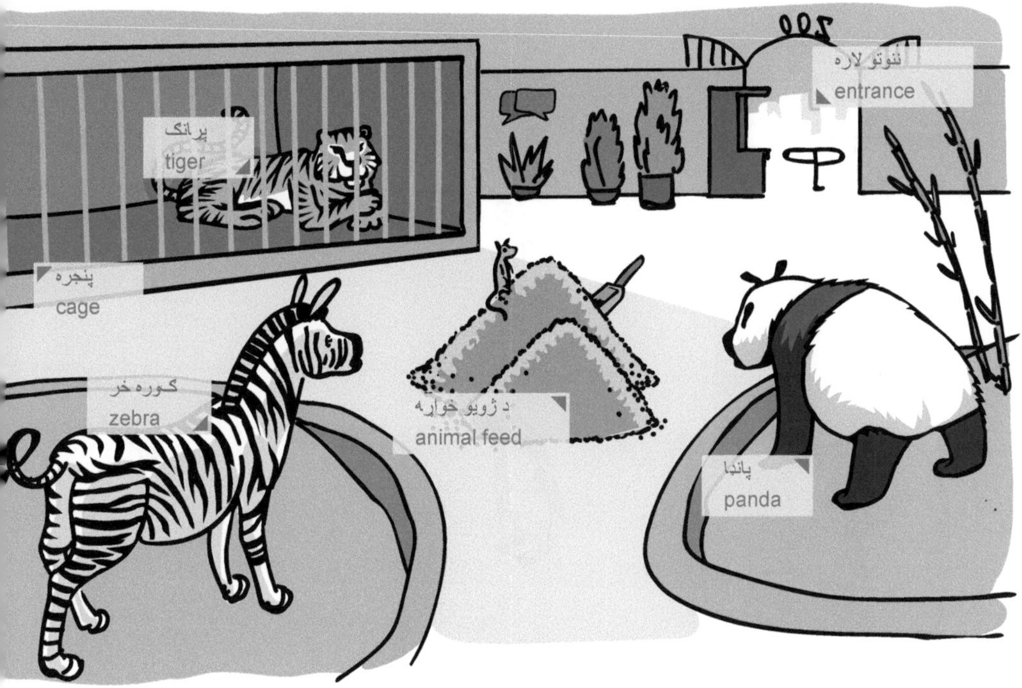

ننوتو لاره
entrance
پړانګ
tiger
پنجره
cage
ګوره خر
zebra
د ژويو خواړه
animal feed
پاندا
panda

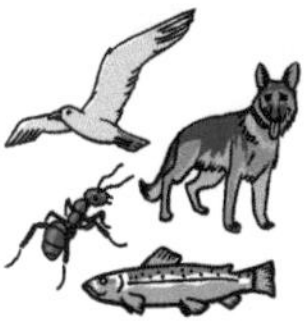

ژوی

animals

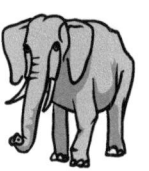

هاتي

elephant

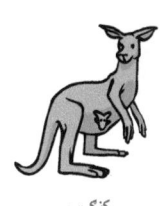

کنګرو

kangaroo

د اوبو اسپ

rhino

ګوريلا

gorilla

ايږه

bear

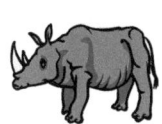

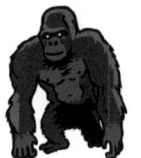

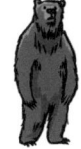

اوښ
....
camel

ښترمرغ
....
ostrich

زمرى
....
lion

بيزو
....
monkey

غزى
....
flamingo

طوطي
....
parrot

قطبي ايږه
....
polar bear

پينگوين
....
penguin

شارک
....
shark

طاوس
....
peacock

مار
....
snake

تمساح
....
crocodile

ژوبڼ ساتونکی
....
zookeeper

سيل
....
seal

چګوار
....
jaguar

یابو
....
pony

پرانگ
....
leopard

هیپو
....
hippo

زرافه
....
giraffe

باز
....
eagle

نرخوگ
....
boar

کب
....
fish

شمشتی
....
turtle

سمندري نولی
....
walrus

گیدره
....
fox

هوسی
....
gazelle

امریکایی فټبال
American football

سایکل څغلول
cycling

تېنیس
tennis

باسکیتبال
basketball

لامبو
swimming

باکسینگ
boxing

د کنګل هاکي
ice hockey

فټبال
football

کسیزه
badminton

د خُغاستي لوبي
athletics

د هندبال
handball

سکي
skiing

پولو
polo

خندل
laugh

بتوپ وهل
jump

غاړه ورکول
hug

کرخپدل
walk

سندري ويل
sing

خوب ليدل
dream

عبادت کول
pray

مچو کول
kiss

ليکل
write

کښل
draw

ښودل
show

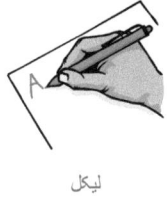

ټپله کول
push

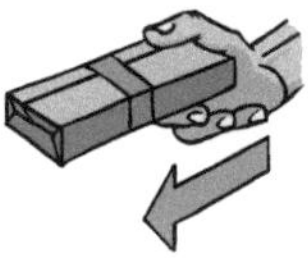

ورکول
give

اخیستل
take

درلودل

have

کول

do

پاييدل

be

ودريدل

stand

منډي وهل

run

راکښل

pull

کوزارل

throw

لويدل

fall

څملاستل

lie

انتظار کول

wait

ورل

carry

کښيناستل

sit

پوښاک اغوستل

get dressed

ويده کيدل

sleep

پاڅيدل

wake up

کتل

look at

ژړل

cry

بريد کول

stroke

ږمنځ کول

comb

خبري کول

talk

پوهېدل

understand

غوښتل

ask

اورېدل

listen

څښل

drink

خوړل

eat

پاکول

tidy up

مينه کول

love

پخلی کول

cook

موټر چلول

drive

الوتل

fly

بیری چلول

sail

حساب

calculate

لوستل

read

زده کول

learn

کار کول

work

واده کول

marry

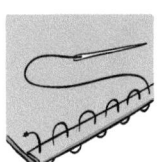

ګنډل

sew

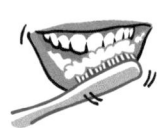

د غاښونو برس کول

brush teeth

وژل

kill

سګرټ څښل

smoke

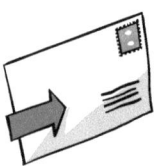

لیږل

send

کورنی
family

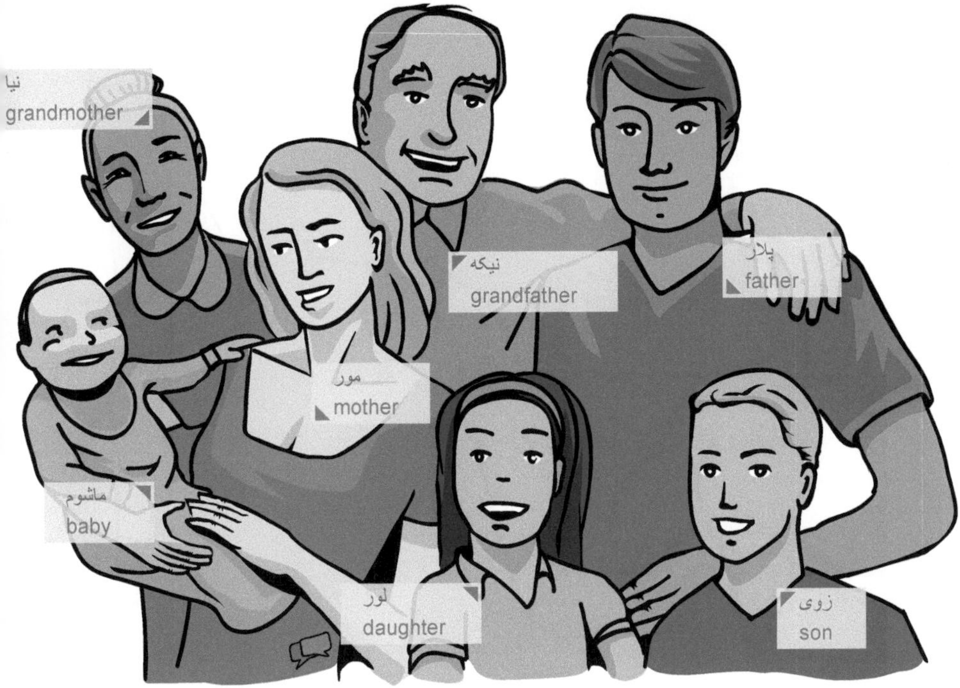
نیا
grandmother
نیکه
grandfather
پلار
father
مور
mother
ماشوم
baby
لور
daughter
زوی
son

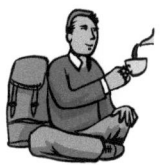

میلمه

guest

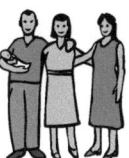

ترور

aunt

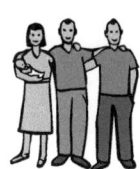

کاکا/ماما

uncle

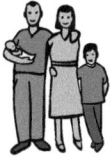

ورور

brother

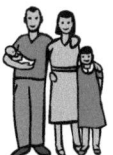

خور

sister

بدن

body

تندی
forehead
سترګي
eye
مخ
face
زنه
chin
سینه
breast
ګوته
finger
لاس
hand
مټ
arm
اوږه
shoulder
پښه
leg

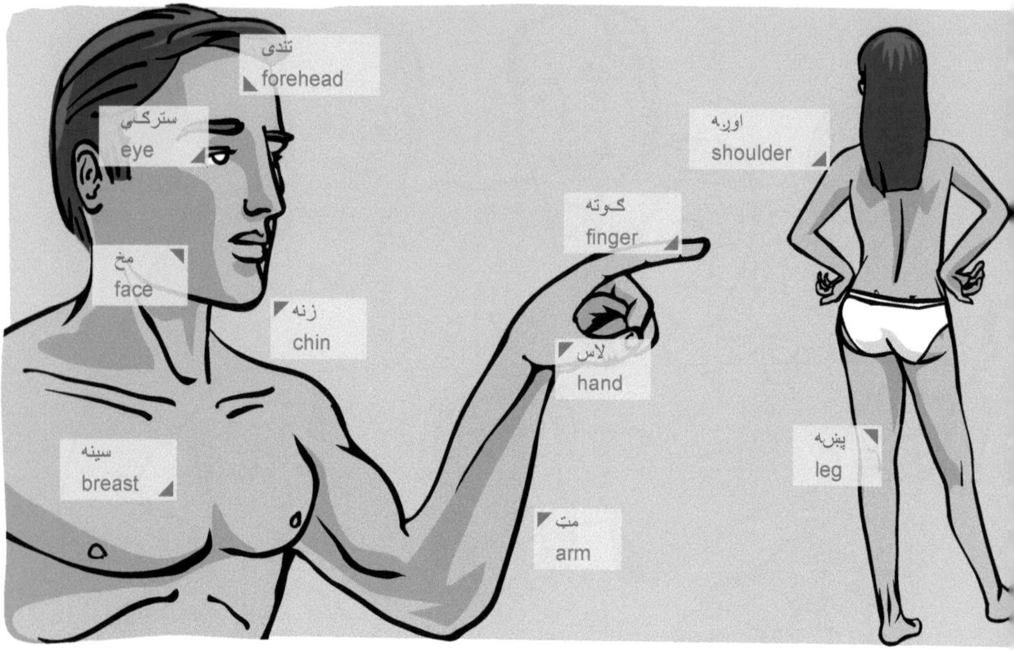

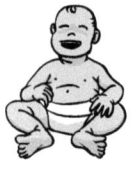

ماشوم
....
baby

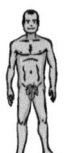

سړی
....
man

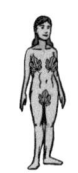

ښځه
....
woman

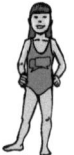

انجلۍ
....
girl

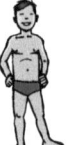

هلک
....
boy

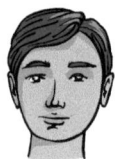

سر
....
head

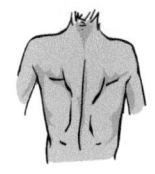

شا
....
back

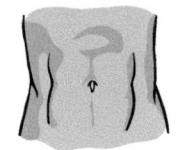

خیټه
....
belly

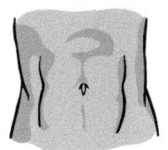

نوم
....
belly button

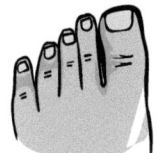

د پښي ګوته
....
toe

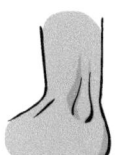

پونده
....
heel

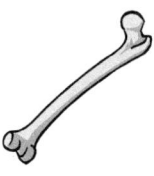

هډوکی
....
bone

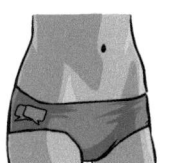

کوناټی
....
hip

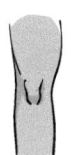

زنګون
....
knee

څنګل
....
elbow

پوزه
....
nose

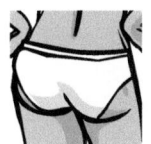

لاندي برخه
....
bottom

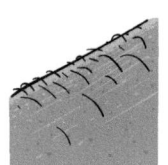

پوټکی
....
skin

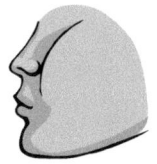

غومبوری
....
cheek

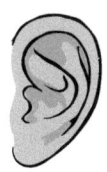

غوږ
....
ear

شونډه
....
lip

بدن - **body**   69

خوله

mouth

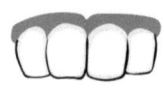

غاښ

tooth

ژبه

tongue

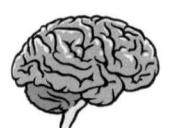

مغز

brain

زره

heart

عضله

muscle

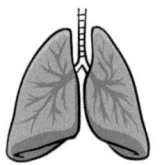

سږی

lung

ځيګر

liver

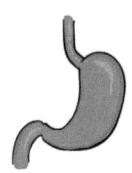

معده

stomach

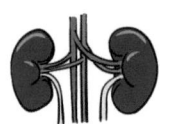

پښتورګي

kidneys

جنسي نږدی والی

sex

كاندوم

condom

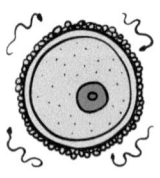

تخمه

ovum

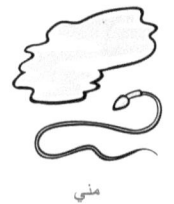

مني

semen

حمل

pregnancy

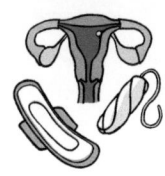

حيض

menstruation

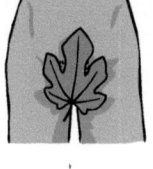

مهبل

vagina

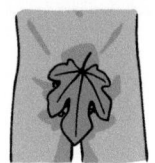

د نارينه تناسلي آله

penis

وروځی

eyebrow

ويښته

hair

غاړه

neck

روغتون
hospital

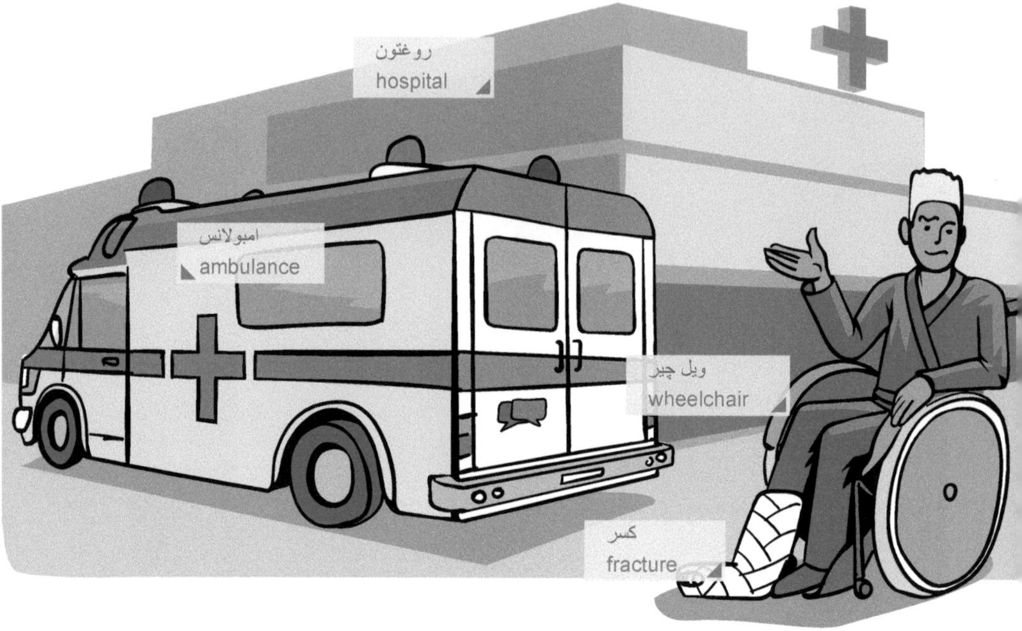

روغتون
hospital
امبولانس
ambulance
ویل چیر
wheelchair
کسر
fracture

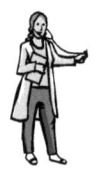

ډاکټر
doctor

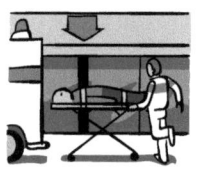

عاجل خونه
emergency room

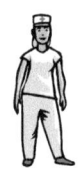

رنځورپال
nurse

عاجل
emergency

بې هوش
unconscious

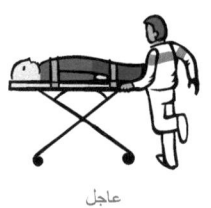

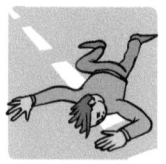

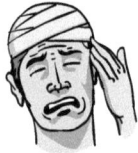

درد
pain

پټۍ

injury

وینه توئیدل

bleeding

د زړه حمله

heart attack

ضرب

stroke

حساسیت

allergy

ټوخی

cough

تبه

fever

انفلوینزا

flu

نس ناستی

diarrhoea

سر درد

headache

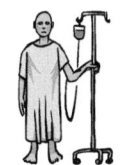

سرطان

cancer

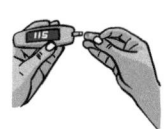

شکر

diabetes

جراح

surgeon

سکالپل

scalpel

عملیات

operation

سیرتي
CT

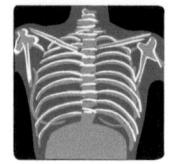

ایکس ری
x-ray

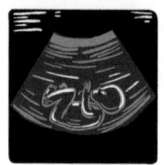

التراساوند
ultrasound

د مخ ماسک
face mask

ناروغي
disease

انتظار خونه
waiting room

امساآ
crutch

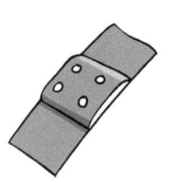

پلستر
plaster

بنداژ
bandage

تزریق
injection

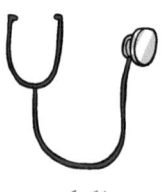

ستاتسکوپ
stethoscope

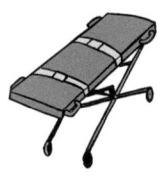

تسکیره
stretcher

کلینکي ترمامیټر
clinical thermometer

زیږون
birth

زیات وزن
overweight

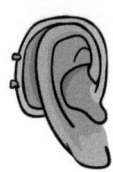

د اوريدو مرسته

hearing aid

د عفونيت څخه پاکونکي مواد

disinfectant

عفونيت

infection

ويروس

virus

ايچ.آی.وی/ايدز

HIV / AIDS

درمل

medicine

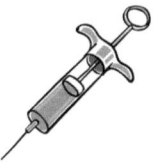

واکسين

vaccination

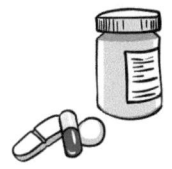

ټابليټس

tablets

ګولی

pill

عاجل تليفون

emergency call

د وينی د فشار څارونکی

blood pressure monitor

ناروغ/روغ

ill / healthy

emergency

مرسته!

Help!

الارم

alarm

يرغل

assault

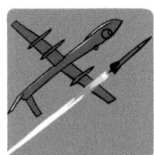

بريد

attack

خطر

danger

عاجل لاره

emergency exit

اور!

Fire!

د اور وژونکی

fire extinguisher

پیښه

accident

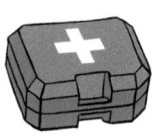

د لومړی مرستي لوازم

first-aid kit

ایس.او.ایس

SOS

پولیس

police

اروپا

Europe

شمالي امریکا

North America

سهيلي امریکا

South America

افریقا

Africa

آسيا

Asia

آسټریلیا

Australia

اتلانتیک

Atlantic

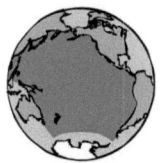

پاسيفيک

Pacific

د هند بحر

Indian Ocean

جنوبي منجمد بحر

Antarctic Ocean

د شمال قطب بحر

Arctic Ocean

شمالي قطب

North Pole

سهيلي قطب
....
South Pole

انتارکتیکا
....
Antarctica

خُمکه
....
Earth

خُمکه
....
land

بحر
....
sea

تاپو
....
island

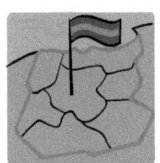

ملت
....
nation

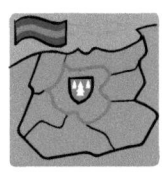

دولت
....
state

د مخي ساعت

clock face

د ساعت ستنه

hour hand

د دقیقی ستنه

minute hand

د ثانیی ستنه

second hand

څه وخت دی؟

What time is it?

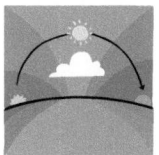

ورځ

day

وخت

time

اوس

now

ديجيټل ساعت

digital watch

دقيقه

minute

ساعت

hour

دوشنبه
Monday **MO**

چهارشنبه
W Wednesday

جمعه
FR Friday

TU

TH شنبه
Saturday

SA

سه شنبه
Tuesday

پنجشنبه
Thursday

SO

یکشنبه
Sunday

پرون
....
yesterday

نن
....
today

سبا
....
tomorrow

سهار
....
morning

غرمه
....
noon

ماښام
....
evening

کاري ورځې
....
business days

د اونۍ پای
....
weekend

کال

year

رنگین کمان
rainbow
باران
rain
واوره
snow
باد
wind
پسرلی
spring
منی
autumn
اوړی
summer
ژمی
winter

4.APRIL 11°
5.APRIL 4°
6.APRIL 13°
7.APRIL 8°
8.APRIL 10°

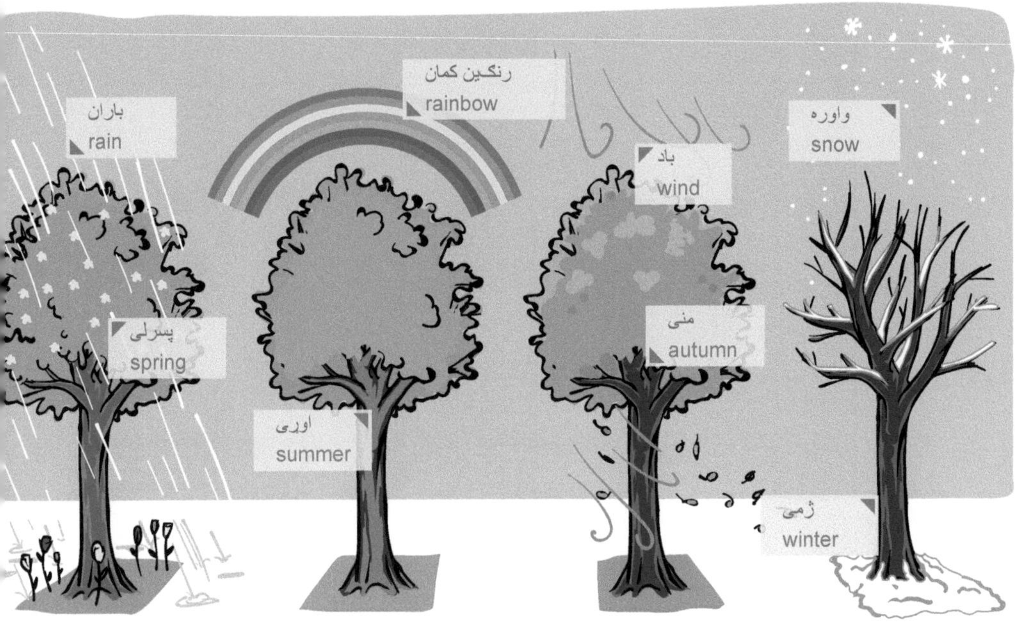

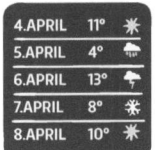

د موسم وړاندوینه
....
weather forecast

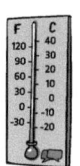

F C
120 40
90 30
60 20
30 10
0 0
-30 -10
-20

ترمومیټر
....
thermometer

د لمر وړانګې
....
sunshine

وریځ
....
cloud

لړه
....
fog

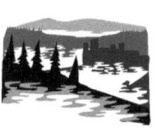

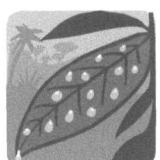

رطوبت
....
humidity

ړنا

lightning

تندر

thunder

توفان

storm

ژلۍ وريدل

hail

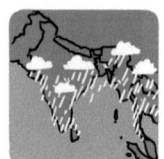

مون سون باران

monsoon

سيلاب

flood

يخ

ice

جنوري

January

فبروري

February

مارچ

March

اپرېل

April

مى

May

جون

June

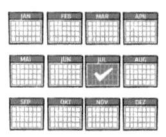

جولاى

July

اګست

August

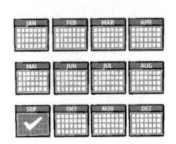

سپتمبر
....
September

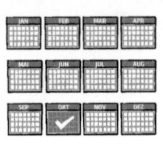

اکتوبر
....
October

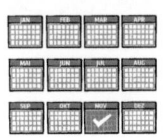

نومبر
....
November

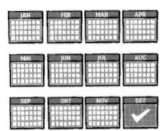

دسمبر
....
December

دایره
....
circle

مربع
....
square

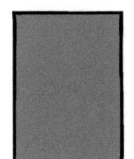

مستطیل
....
rectangle

مثلث
....
triangle

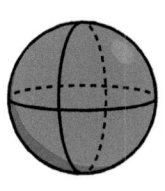

توپ
....
sphere

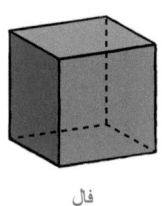

فال
....
cube

colours

سپين

white

ژير

yellow

نارنجي

orange

کلابي

pink

سور

red

ارغواني

purple

نيلي

blue

شين

green

نسواري

brown

خر

grey

تور

black

خورا ډير/خورا لږ

a lot / a little

قار/ارام

angry / calm

ښکلي/بدشکله

beautiful / ugly

پیل/پای

beginning / end

لوی/کوچنی

big / small

روښانه/تیاره

bright / dark

ورور/خور

brother / sister

پاک/ککړ

clean / dirty

مکمل/نامکمل

complete / incomplete

ورځ/شپه

day / night

مړ/ژوندی

dead / alive

پراخه/نرۍ

wide / narrow

د خوراک وړ/نه خورل کیدونکی

edible / inedible

بد/مهربان

evil / kind

پاریدلی/بی خونده

excited / bored

چاق/وچ

fat / thin

لومړی/وروستی

first / last

ملگری/دښمن

friend / enemy

ډک/تش

full / empty

سخت/نرم

hard / soft

دروند/سپک

heavy / light

لوږه/تنده

hunger / thirst

ناروغ/روغ

ill / healthy

غیرقانوني/قانوني

illegal / legal

هوښیار/ساده

intelligent / stupid

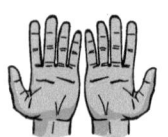

کین/ښی

left / right

نژدې/لرې

near / far

متضاد - opposites

زوړ/نوی

new / used

هېڅ/یو څه

nothing / something

زوړ/ځوان

old / young

چالا/بند

on / off

خلاص/تړلی

open / closed

غلی/لوړ غږ

quiet / loud

بډایه/غریب

rich / poor

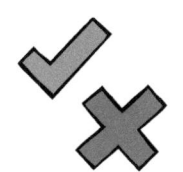

صحیح/غلط

right / wrong

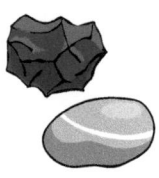

زبر/ملایم

rough / smooth

خفه/خوښ

sad / happy

لنډ/اورد

short / long

سست/ګرندی

slow / fast

لوند/وچ

wet / dry

ګرم/یخ

warm / cool

جګړه/سوله

war / peace

0

صفر

zero

1

يو

one

2

دوه

two

3

دري

three

4

څلور

four

5

پنځه

five

6

شپږ

six

7

اوه

seven

8

اته

eight

9

نهه

nine

10

لس

ten

11

يولس

eleven

12

سولد

twelve

13

سرايد

thirteen

14

سراوخ

fourteen

15

سلخذپ

fifteen

16

سرابپش

sixteen

17

سلوو

seventeen

18

سلتا

eighteen

19

سلون

nineteen

20

لش

twenty

100

لس

hundred

1.000

رز

thousand

1.000.000

نويلم

million

انګلسي
English

امریکایی انګلسي
American English

چینایی مندرین
Chinese Mandarin

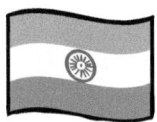

هندي
Hindi

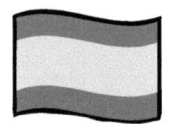

هسپانوي
Spanish

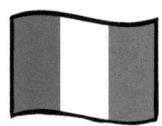

فرانسوي
French

عربي
Arabic

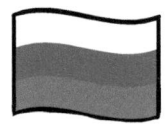

روسي
Russian

پرتګالي
Portuguese

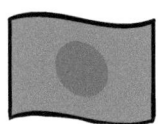

بنګالي
Bengali

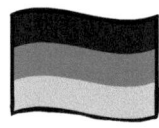

آلماني
German

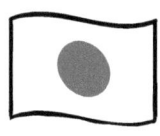

جاپاني
Japanese

who / what / how

ز ه

I

ته

you

هغه/دغه/دا

he / she / it

موږ

we

تاسې

you

دوی/هغوی

they

څوک؟

who?

څه؟

what?

څنګه؟

how?

چیری؟

where?

کله؟

when?

نوم

name

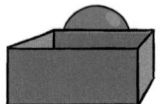

شاته

behind

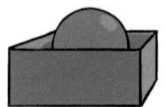

په

in

په مخه کې

in front of

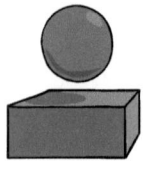

باندي

over

په

on

لاندي

under

برسيره پر

beside

ترمينځ

between

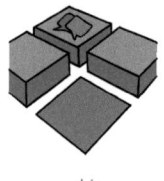

ځای

place